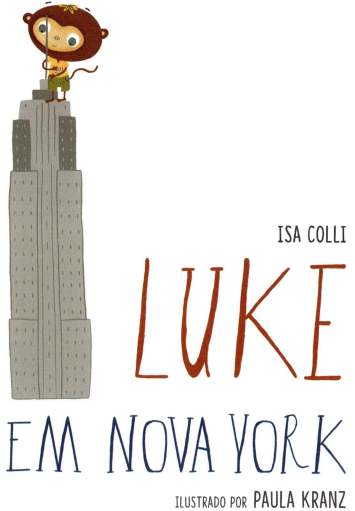

ISA COLLI

LUKE
EM NOVA YORK

ILUSTRADO POR PAULA KRANZ

COLLI BOOKS

Grafia atualizada segundo o Acordo Ortográfico da Língua Portuguesa de 1990, que entrou em vigor no Brasil em 2009.

Todos os direitos reservados. Nenhuma parte deste livro poderá ser reproduzida, por qualquer processo, sem permissão por escrito do autor ou editores, exceto no caso de breves citações incluídas em artigos críticos e resenhas.

Copyright © Isa Colli e Colli Books
Texto: Isa Colli
Ilustrações: Paula Kranz

Editorial
Tais Faccioli

Administrativo
José Alves Pinto

Revisão
Max Leone
Karina Gercke

Diagramação
Paula Kranz

Projeto gráfico
Colli Books

Edição e Publicação
Colli Books

Dados Internacionais de Catalogação na Publicação (CIP)

C672L	Colli, Isa
1.ed.	Luke em Nova York / Isa Colli ; Paula kranz. – 1. ed. – Brasília, DF : Colli Books, 2021.
	52 p.; il.; 26 x 20 cm.
	ISBN : 978-65-86522-76-1
	1. Aventuras – Literatura infantil 2. Literatura infantil. I. Kranz, Paula. II. Título.
	03-2021/76
	CDD 028.5

Índice para catálogo sistemático:
1. Literatura infantil   028.5
2. Literatura infantojuvenil   028.5

Bibliotecária responsável: Aline Graziele Benitez CRB-1/3129

LED Águas Claras
QS 1 Rua 210, Lotes 33/36 | Salas T2-0804-0805-0806 | Águas Claras | Brasília – DF | CEP 71950-770
E-mail: general@collibooks.com | www.collibooks.com

Depois da viagem ao Brasil, Luke decidiu tirar férias. Precisava descansar um pouco e escolheu Nova York para passear. Afinal, sempre ouvira dizer que os monumentos da cidade eram incríveis.

Arrumou as malas e partiu.

Na cidade, ele seria recebido pelo esquilo Tião, um amigo dos tempos de infância, que agora morava no Central Park, parque urbano mais famoso do mundo.

— Meu amigo, quanto tempo! Tirando os pelos brancos, você não mudou nada — disse Luke.

— Que bom te ver. Você também não mudou muito. Está até mais esbelto.

— É que quando eu era criança, comia muita gordura e guloseimas. Por isso, tinha uma bela de uma pança. Agora, sou um macaco atleta e me tornei embaixador da alimentação saudável. Mas isso é uma outra história...

— Que maravilha! Bom saber. Sinto que sua companhia vai me fazer bem. Tenho muito a aprender. Mas vamos preparar nosso passeio porque eu faço questão que seja uma viagem inesquecível — disse Tião.

O primeiro dia de turista começou com uma visita guiada por Manhattan, uma das ilhas mais importantes do condado de Nova York.

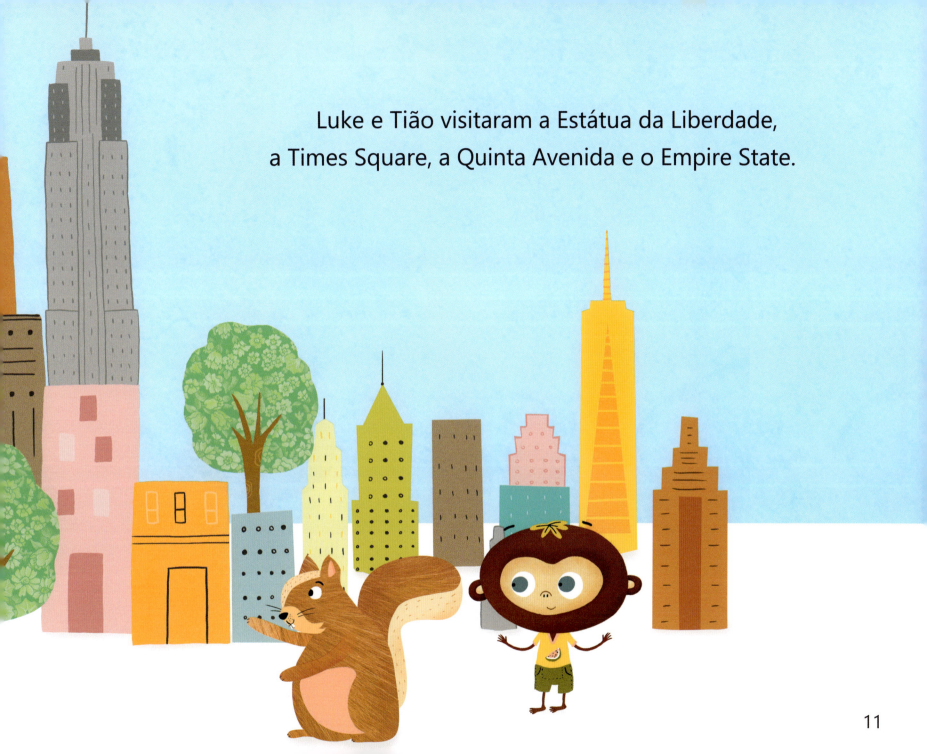

Luke e Tião visitaram a Estátua da Liberdade, a Times Square, a Quinta Avenida e o Empire State.

E para surpresa de Luke, o guia parou em frente a um dos projetos arquitetônicos mais lindos e imponentes que ele já vira na vida: o United Nations. Um edifício de 39 andares, alto e envidraçado. Mas havia algo diferente naquela construção. Parecia que já tinha visto arquitetura arrojada como aquela em algum lugar.

Foi aí que o macaquinho se lembrou que no Brasil tinha visto algo suntuoso daquela forma. Consultou o guia e não ficou surpreso quando soube que a obra foi resultado do trabalho do brasileiro Oscar Niemeyer, em parceria com outros arquitetos. Estava tudo explicado. As obras do brilhante arquiteto brasileiro eram mesmo inconfundíveis.

O prédio é cercado por um jardim igualmente imponente, que ostenta uma estátua de um revólver com um "nó" no cano, impedindo os tiros. O seu nome é "Não-Violência". O guia foi logo explicando que aquela era a sede da ONU, uma organização internacional nascida depois da Segunda Guerra Mundial com intenção de impedir que outros conflitos como aquele acontecessem e provocassem tanta destruição e mortes. O macaco entendeu que aquele era o grande símbolo do que a ONU representa e da sua importância na manutenção da paz.

Até Tião ficou surpreso. Mesmo morando na cidade há algum tempo, nunca tinha ido naquele lugar tão importante para o planeta.

— Rapaz, que espaço fantástico. Tudo aqui é grandioso! — disse o esquilo.

— Pois é. Sinto que vamos sair daqui com muito conhecimento — respondeu o macaco.

Encantado com a beleza e imponência do prédio e acostumado a pular de galho em galho, Luke até pensou em se aventurar em uma escalada, mas havia muita gente e isso poderia causar alguns transtornos.

Ficou sabendo detalhes curiosos e importantes. Por exemplo, que a ONU é financiada pelos 193 países-membros e seus objetivos incluem manter a segurança; promover a paz mundial e os direitos humanos; auxiliar no desenvolvimento econômico e no progresso social; proteger o meio ambiente; e prover ajuda humanitária em casos de fome, desastres naturais e conflitos armados.

Luke ficou todo animado quando soube que iria entrar para conhecer as dependências daquela instituição, afinal, já ouvira falar da importância do seu trabalho para o mundo.

Como embaixador das boas práticas alimentares, podia acrescentar mais essa missão à sua vida. Afinal de contas, entendia que seu engajameto só valia a pena se estivesse a serviço do bem-estar coletivo.

O guia já tinha os ingressos para o grupo e o horário estava agendado. O que mais impressionou Luke foi a pluralidade de povos e idiomas. Pela aparência dos visitantes, percebia-se os traços que mostravam as várias nacionalidades ali representadas e era só colocar o fone nos ouvidos e escolher o idioma preferido para as explicações durante a visitação: português, árabe, chinês, inglês, francês, russo, espanhol, alemão, italiano, japonês ou coreano.

Luke ficou impressionado quando descobriu que todos os 193 países-membros da ONU são representados por suas respectivas bandeiras e quando acontece uma tragédia em alguma nação, ela fica a meio mastro, em sinal de luto.

Curioso e envolvido em causas humanitárias, nosso pequeno herói estava realmente muito contente, pois esse seria um passeio diferente e enriquecedor!

As experiências daquele dia serviriam para a vida e para os futuros projetos sociais. Enquanto esperava a sua vez, o grupo ficou em um *hall* admirando uma exposição de fotos legendadas com textos explicativos sobre a data e o lugar em que haviam sido registradas. Realmente uma viagem no tempo. De tirar o fôlego.

Durante o passeio, Luke parou para observar atentamente obras de outros brasileiros: o quadro "Guerra e Paz", de Cândido Portinari, e Octavio Roth, responsável pela coleção que mostra os 30 artigos da Declaração Universal dos Direitos Humanos.

A visita guiada, que dura entre 45 minutos e uma hora, passa por vários lugares, incluindo os salões onde acontecem as reuniões dos líderes mundiais.

Como nos museus tradicionais, em alguns ambientes as pessoas podem entrar e fotografar, em outros não. São muitas as salas com várias obras de arte, sempre fazendo referência ao trabalho da entidade.

O ponto alto da visita, no entanto, foi a apresentação do desenho animado "Objetivos de Desenvolvimento Sustentável", que a ONU estava lançando naquele dia. Com linguagem bem simples e direta, as imagens explicavam, em um vídeo curto, tintim por tintim, o que são esses tais objetivos, também chamados de ODS. Justo nessa hora, Tião resolveu ir ao banheiro e perdeu a exibição.

— Tião, não se preocupe que eu vou te contar tudo o que aprendi. Os Objetivos de Desenvolvimento Sustentável representam um plano de ação global para a acabar com a pobreza extrema e a fome; oferecer educação de qualidade ao longo da vida para todos, proteger o planeta e promover sociedades pacíficas e inclusivas nas próximas décadas.

— Sério? Não conhecia esses ODS. A sigla é esquisita, mas senti firmeza na proposta. Pena que a gente tenha que projetar uma data lá na frente para ver se consegue viver num mundo mais justo para todos e todas.

— Verdade... Eles também explicaram que além dos compromissos nas áreas de nutrição, saúde, educação, água, saneamento, erradicação da pobreza e igualdade de gênero, que já eram metas a serem alcançadas pela ONU, os ODS também incluem novos objetivos relacionados à proteção da criança e do adolescente, à educação infantil e à redução das desigualdades.

— Ou seja, o desenvolvimento sustentável só acontece se todas as crianças tiverem um mínimo de oportunidades. Certo?

— Perfeito, Tião. E somente se os governos dos países desenvolverem políticas que alcancem as pessoas é que essas metas e objetivos serão atingidos. Mas para isso é preciso muito esforço por parte dos governantes.

— De qualquer forma, vou guardar esse cartaz que eu ganhei com os 17 ODS. Acho que todos devem conhecer e contribuir para que o mundo alcance esses objetivos. E nós podemos ajudar nessa missão!

— É isso aí, Tião! Podemos percorrer o mundo para trabalhar pela redução da mortalidade infantil e pela qualidade da alimentação escolar, por exemplo. Vamos unir esforços para o cumprimento dos outros objetivos: melhorar a saúde das gestantes, combater o HIV/Aids, a malária e outras doenças,

garantir a sustentabilidade com qualidade de vida e estabelecer uma parceria mundial para o desenvolvimento.

— Eita, que maneiro. Agora tenho certeza de que nunca mais vou esquecer esse assunto.

Tião, esqueci de te contar uma coisa que me deixou preocupado. Essa é conhecida como Agenda 20/30, ou seja, eram objetivos e metas para se alcançar até o ano 2030. Com a pandemia, pode ficar mais distante de ser alcançada. A gente não deve deixar isso acontecer. Se o mundo está com mais pessoas na extrema pobreza por causa desse mal, esse prazo precisa ser encurtado e não estendido. Nós precisamos alertar sobre isso nas nossas viagens e buscar aliados. Temos que mobilizar as pessoas e, principalmente, as autoridades para cumprir essa agenda da ONU.

Os dois amigos estavam maravilhados com tudo que aprenderam naquele dia. No fim da visita, Luke fez questão de passar na loja de souvenirs e comprar várias lembrancinhas para levar de presente para seus amigos.

Já cansados, eles pegaram o metrô e desceram próximo ao Central Park. Luke ficaria hospedado na árvore do amigo. Com papel e caneta nas mãos, fizeram um roteiro dos próximos dias da visita de Luke e depois foram jantar. Ainda tinham uma semana pela frente para se divertir e lembrar as peraltices da infância. Mais uma vez, Luke viveu aventuras incríveis...

OBJETIVOS DE DESENVOLVIMENTO SUSTENTÁVEL DA ORGANIZAÇÃO DAS NAÇÕES UNIDAS (ONU).

SOBRE A AUTORA

Meu nome é **Isa Colli**. Sou uma verdadeira caipira que, nasceu na pequena cidade de Presidente Kennedy, interior do Espírito Santo. Atualmente vivo em Bruxelas, na Bélgica.

Amo a natureza, amo plantar, colher e, principalmente, comer aquilo que planto. Antes de mudar-me para a Bélgica, cultivava minha própria hortinha, pois, além da literatura, também herdei esse hábito da minha mãe. Minha "véinha" querida não pode ver um pedaço de terra sobrando que logo arruma uma muda de fruta, de roseira ou de qualquer coisa que possa ser plantada.

Meu espírito inquieto levou-me a morar em vários lugares. O mais incrível de tudo isso é que em cada um deles pude deixar minha marca, formar raízes. Já fui cabeleireira, maquiadora e jornalista. Já realizei programa de rádio, fui administradora de empresa e, nessas atividades, durante todo esse tempo, nunca parei de escrever. O que gosto mesmo é de inventar histórias. Pretendo criar muitas ainda!

SOBRE A ILUSTRADORA

Meu nome é **Paula Kranz** e sou mãe de duas lindas meninas. Logo que me tornei mãe, fui mordida pelo bichinho da literatura infantil e também decidi que não iria deixar minha filha na escola em tempo integral. E, assim, junto da minha primeira filha e agora da segundinha, voltei a viver nesse mundo lúdico da infância.

Nos últimos anos, além de brincar de comidinhas, poços de areia e desenhar garatujas, me dediquei aos livros infantis, e lá se foram diversos publicados com meus desenhos.

Cada vez mais estou repleta de sonhos e com vontade de mostrar a delicadeza e a leveza da infância. Ilustro a magia, o brilho nos olhos e esta forma única de ver o mundo que as crianças compartilham todos os dias conosco, aproximando adultos, pela leitura, desse incrível período da vida.

Arquivo pessoal